यक़ीन की आयतें

(कविता-संग्रह)

यक़ीन की आयतें

आशुतोष दुबे

राजकमल प्रकाशन

ISBN : 978-81-267-1496-4

मूल्य : ₹ 395

पहला संस्करण : 2008
दूसरी आवृत्ति : 2023

प्रकाशक : राजकमल प्रकाशन प्रा. लि.
1-बी, नेताजी सुभाष मार्ग, दरियागंज
नई दिल्ली-110 002

शाखाएँ : अशोक राजपथ, साइंस कॉलेज के सामने, पटना-800 006
पहली मंजिल, दरबारी बिल्डिंग, महात्मा गांधी मार्ग, प्रयागराज-211 001
1, अनमोल सोराबजी संतुक लेन, धोबी तलाव, मरीन लाइंस, मुम्बई-400 002

वेबसाइट : www.rajkamalprakashan.com
ई-मेल : info@rajkamalprakashan.com

मुद्रक : राजकमल प्रेस
नई दिल्ली-110 002

YAQEEN KI AYTEN
(Poems) by Ashutosh Dube

यह कविता पुस्तक
आचार्य हजारीप्रसाद द्विवेदी, फणीश्वरनाथ रेणु,
हरिशंकर परसाई, शरद जोशी और
राजेन्द्र माथुर के गद्य की स्मृति में

अनुक्रम

The poet's eye in a fine frenzy rolling
Doth glance from heaven to earth
from earth to heaven...

Shakespeare

वह शब्दों का एक
धड़कता हुआ पुतला था
बनाने वाले ने
फूँक दी थीं उसके कानों में
यक़ीन की आयतें

एक खेल होगा हमेशा
होने और कहने में

कि

सब कुछ हो चुका है
और अभी होना है
उसे कहा जा चुका है
और अभी कहना है

वह ठीक उसी तरह नहीं होगा
और ठीक उसी तरह कहा भी नहीं जाएगा

एक खेल होगा हमेशा होने और कहने में
जिसमें होना छुपने की कोशिश करेगा
कहना उसे ढूँढने की

इसी लुकने-ढूँढ़ने में बहुत मुमकिन है
कहना होने को थोड़ा-बहुत पा जाए
और ताज्जुब नहीं कि साथ-साथ
कुछ अनहुआ-अनहोना भी
अपनी मुट्ठी में ले आए

या होना खुद कहने में ही जा छुपे
और कहना उसे शब्द-शब्द ढूँढता फिरे
इस तरह खुद को पा जाए

बूझते रहें खेल देखने वाले
बहसा करें आपस में

होने को कहना है
कि कहने में होना है

होने को खोना है
कि कहने में पाना है

बेघर का घर

यह कविता
एक लापता वाक्य का
घर बनना चाहती है

वह कुछ कह रही थी जिस समय
वह कुछ और ही सोच रहा था

उसे अन्यमनस्क देख
वह चुप होकर अपने काम में लगी
और तब उसे लगा
जैसे उससे अभी-अभी कहा गया था कुछ

पूछने पर वह याद करती रही
लेकिन अब तक वह खुद भूल चुकी थी
कि वह क्या कह रही थी उससे

वह एक वाक्य जो उच्चार के तत्काल बाद विस्मृत हो
गया और जिसे सुना नहीं गया—जो दो दिमागों के
बाहर बौराया सा भटक रहा है—कुछ गुस्से, कुछ अपमान
में संतप्त—अन्तरिक्ष की देहरी पर सर पटकता हुआ—
बार—बार धरती की कक्षा में लौटता हुआ—अपने त्राण
के लिए बेचैन—एक नाकुछ सा वाक्य—जो उच्चार
और श्रुति से बाहर रह जाने के कारण कितना कुछ
हो सकता है...

...यह कविता
उस बेघर का घर
बनना चाहती है....

और उसी का नहीं,
उन तमाम वाक्यों का
जो कहे जा रहे हैं झिझकते हुए
एक ऐसी आवाज़ में जिसे अपने सुने
और समझे जाने की कोई उम्मीद नहीं

एक ऐसी आवाज़ में
जिसकी पूँछ पर बँधी झाड़ू
अपने ही पैरों के निशान
पोंछती जाती है

एक ऐसी आवाज़ में
जिसके पहले सिरे पर
साहस की एक काँपती हुई छाया
और आखिरी पर डर का ग्रहण होता है

वे तमाम वाक्य आएँ
कविता के इस घर में
जिन्हें हमेशा अपने को न सुने जाने
और ग़लत समझे जाने का अफ़सोस रहा
जो घुटते रहे
और अस्त होते रहे
विचार और उच्चार की कढ़ाही में
लगातार खदबदाते हुए

ऐसे तमाम वाक्यों के लिए
पाँव सीधे करने
और पीठ टिकाने के लिए

यह कविता
गरमी की दुपहरी में
ठंडा फर्श बनना चाहती है

शायद

जो ऊपर झूल रहा है
अपने उड़नखटोले में
नीचे देखता है
यह देखने के लिए
कि वह कितना ऊपर आ चुका है
एक खोया हुआ आदमी है

मैली कुचैली सी वह साँवली लड़की
जिसके गाल पर सूखे आँसुओं के निशान
और पैरों पर धूल की परतें हैं
एक खोई हुई लड़की है
जिसके हाथ से
ऊपर झूल रहे आदमी की उँगली
छूट गई है

मेला है यह
किसी भी पल
मेले में खोए हुए
एक-दूसरे से दोनों
एक-दूसरे के सामने आ सकते हैं

तब शायद वे
एक-दूसरे को
पाने के बाहर
खाली आँखों से देखें

और चले जाएँ
अपने-अपने रास्ते

उठा करेगी
ढूँढ़ की तड़प
जब-तब

मोर

कविगणों के
अपने नन्दन-कानन होते हैं
जिनमें वे अपने सुन्दर सजीले पंख फैलाकर
नाचते और नाचते रहते हैं

कविगणों के
अपने निजी अरण्य होते हैं
जिनमें नाचना शुरू करते ही
उनकी निगाह अपने पैरों की तरफ
चली जाती है

कविताओं में
सूखे हुए आँसुओं के निशान
जगह-जगह दिख कर
फिर छुप जाते हैं

प्रूफ़रीडर

वह जानता है कि लोग ग़लत पर अटकते हैं
और फिर मन-ही-मन उसे सही करके पढ़ भी लेते हैं
फिर भी उसे शब्दों को शरारतों से बाज़ आने के लिए
बूढ़े माली की तरह बरजना पड़ता है

वह उन शब्दों पर खास निगाह रखना चाहता है
जो नज़र बचाकर पड़ोसी शब्द की वर्तनी हड़प लेते हैं
उनके अक्षर अपनी जगहें अँधेरी छोड़
पराये शब्दों के आँगन में धूप सेंकने चले जाते हैं
वे इबारत के खिलाफ आपस में खुसुर-पुसुर करते रहते हैं
और मौक़े की फिराक में उनींदे से नज़र आते हैं

वह जानता है कि उसे चूकना नहीं चाहिए
फिर भी जो कुछ का कुछ होना चाहते हैं
या फिर नाकुछ ही होना चाहते हैं
वे शब्द उसे जुल दे ही जाते हैं

वे पहले कवि से छुपते हैं
इसके बाद उससे

और फिर वे कविता में प्रगट होते हैं
उसके हाथ से चाले गए शब्दों के बीच
अपनी हस्ती का खामोश ऐलान करते हुए

थके हुए बूढ़े माली की तरह

किसी पेड़ के नीचे बैठ पसीना पोंछते हुए
वह जानता है कि
वह एक हारी हुई लड़ाई लड़ता है

दो का पहाड़ा

जब मैंने तीन दूना छह कहा
तो दो नाराज़ हो गया
क्योंकि दो दूना चार ही होते थे
जो छह से दो कम थे

मैंने बहुतेरा समझाया उसे
कि कितना भी कुछ कर लो
तुम दो के पहाड़े हो
और तीन की थाली में
ज़्यादा घी जो तुम्हें नज़र आ रहा है
वह तुम्हारा कभी हो नहीं सकता

मगर पहाड़ों में घमासान मचा
ऊँची और ऊँची संख्याओं के लिए
खूब धक्का-मुक्की हुई
इतनी कि सारे अंक अनन्त में गिर गए

सिर्फ दो के पहाड़े को छोड़कर
जो अभी तक सिसक रहा था
अपनी मर्जी के सारे अंकों को
शून्य में जाता हुआ देखकर

उसकी उँगली थाम
मैंने उसे कविता की पुलिया पर बैठाया
समझाया कि यहाँ वह दो दूनी छह

या चाहे जितना हो सकता है

वह अपना रोना भूल गया
और उसकी आँखें चमकने लगीं
मेरा हाथ छुड़ाकर वह दौड़ा
और नदी में कूद कर विसर्जित हो गया

अब उसे कविता मिल गई थी
अब उसे गणित नहीं रहना था

प्रतीक्षा

एक पक्षी है सुपरिचित
जो बीते हुए के आँगन में
सदाबहार पेड़ की डाल पर बैठ
बहुत मधुर गाता है

एक पक्षी है प्रतीक्षित
जो गिरते हुए पत्तों को मन पर झेलते हुए
आने वाले मौसम के बारे में पेड़ को बताए
जिसकी आवाज़ सुन कर
कोई नई कोंपल अचानक फूट आए

वह आएगा अवश्य
ऐसा विश्वास है दृढ़

कई बार देखा गया है
अच्छे कवि
पुनर्जन्म लेते रहते हैं

हो रहा हूँ

कविता लिखना चाहता था
कविता की स्मृति लिख रहा हूँ

नींद में नहीं
थकान में सो रहा हूँ

खुद को खाली कर देने के बाद
पेड़ की तरह
प्रतीक्षा कर रहा हूँ

काल्पनिक पात्रों के लिए
वास्तविक दुख से रो रहा हूँ

इतने-इतने पृष्ठों से फिसलता हुआ
इस एक पंक्ति की
गिरफ्त में आ रहा हूँ

अपने पैरों के तमाम निशान
मिटाते हुए
हो रहा हूँ

पहचानने का ताल्लुक़ सिर्फ़ दूसरों से ही नहीं
वह अपने साथ की जाने वाली कार्रवाई भी है

अपनी आवाज़ में

शुरू के बिल्कुल शुरू में
एक शुरू अन्त का भी था
और अन्त का कामतमाम करने वाला
एक बिल्कुल अन्तिम भी था ही

होना लगातार शुरू हो रहा था
और खत्म होना भी
पैदा होना और मरना
एक ही बार में
कई-कई बार था

लोग एक-दूसरे के पास आते
और दूर जाते थे
रिश्तों की धुरी बदलती रहती थी
पुराने किनारों के बीच
एक नई नदी बहती थी

एक आदमी जहाँ से बोलता था
उसकी बात पूरी होते-न-होते
धरती वहाँ से कुछ घूम जाती थी
और उसका पता बदल जाता था

पेड़ खुद को खाली कर देने के बाद की उदासी
और फिर से हरियाने की पुलक के बीच
भीतर ही भीतर

कई-कई जंगल घूम आते थे

एक देह थी
जो एक दिन गिर जाती थी
और एक मन था
जो एक और मन होकर थकता न था

चौतरफा शोर के बीच
अपनी आवाज़ में कहने वाला
समझा भले न जाता हो,
सुन लिया जाता था

अपनी छोटी-सी सूई से
सिले गए रात-दिन
कोई अपने हाथों उधेड़कर
घूरे पर फेंक जाता था

घर को बनाने वाला
घर में लौट नहीं पाता था

उसी घर में

मेरे आगे-आगे चल रही है
एक चीख गुपचुप-सी

अभी-अभी निकल कर आया हूँ
एक आत्मीय घर से
जहाँ पूछी सभी की कुशलक्षेम
अपनी बताई
चाय पी—हँसा बतियाया
और अच्छा लगा कि यहाँ आया

मेरे निकलने से पेश्तर
शायद वहीं से निकली है
यह गुपचुप सी चीख
मेरे आगे-आगे चलती हुई
मेरा पीछा करते हुए

और अब
मुझसे पहले
मेरे घर के दरवाज़ों पर
दस्तक दे रही है

लौटते हुए

इतवार की सुबह जीवित हो उठने के लिए
शनिवार की रात कायदे से मर जाना चाहिए

पर मैं कुछ छूट गया
कुछ बह गया
कहीं किसी कील में
ज़रा सा अटक गया
एक बुरे सपने में
थोड़ा सा बच गया

अँधेरा और नींद और बिस्तर भी
मुझे विसर्जित न कर पाए
तो सुबह की चाय और हवा और अखबार
कितना-क्या समेट लेते!

मैं थोड़ा इसके हाथ लगा
थोड़ा उसके

अब एक मृतक—मैं मेरे कमरे में रहता है
जीवित—मैं की ओर देखकर मुस्कुराता

दफ्तर में सबके चले जाने के बाद
कुर्सी पर छूट गए मुझको
देर रात कंधे से पकड़कर
हिलाता-झकझोरता-जगाता

लौटाता
लौट आता

बाल-बाल बच गए आदमी की तरह

बाल-बाल बच गए आदमी की तरह
मैं घर में घुसा
काँपता हुआ बैठा रहा कुर्सी पर देर तक
दोस्त—नातेदार—भलेमानस पड़ोसी
मुझे बाल-बाल बच निकले आदमी की तरह देखते रहे
और उन्होंने अपनी-अपनी तरह से इसकी व्याख्या की
किसी ने इसे मेरी अच्छी क़िस्मत
और किसी ने मौत को यूँ चकमा दे डालने को
मेरी हिकमत की तरह बताया

मैं अपनी भीतरी धड़धड़ पर काबू पाने की कोशिश में बतियाता
रहा यहाँ तक कि फिर हँसने भी लगा कभी-कभी बातचीत
में। धूजते हाथों से कप थामे चाय भी पी मैंने लेकिन
धड़धड़ गई नहीं पूरी तरह। वह पुरानी चोट की तरह जब-तब
ज़िन्दा हो जाती और मुझे अपना बाल-बाल बच जाना और
न बच पाता—तो की याद दिला देती।

इसके बाद बरसों तक मैं एक बाल-बाल बच गए आदमी की तरह
ज़िन्दा रहा और बाज़ लोग मुझे इस तरह देखते रहे जैसे बावजूद मेरे,
मेरे नहीं हो सकने को भी देख रहे हों।

जब मैं दरअसल मरा तो सब इसके लिए इतने तैयार थे कि
किसी को सदमा तो क्या प्राथमिक ताज्जुब तक नहीं हुआ कि वह
पहले ही मेरे बाल-बाल बच निकलने पर खर्च हो चुका था।

इस तरह मैं मर सकने किन्तु न मरने वाले आदमी की तरह
इस मृत्युलोक में कई बरस जीवित रहा किन्तु इस जीवित रहने
पर दुनिया का ही नहीं, खुद मेरा ध्यान भी न गया।

अच्छाई

हम सब जानते हैं
कि हमारे भीतर अच्छाई का समन्दर लहरा रहा है
पर क्या करें
क्या करें कि वह किसी को दिखाई नहीं देता

हम बच्चे को दुलारना चाहते हैं
पर उसी वक्त वह ऐसा कुछ कर बैठता है
कि उसे पीट देते हैं
खटती हुई बीवी से हमदर्दी के दौरे में
हम कहीं बाहर घूम आने की पेशकश करने ही वाले होते हैं
कि पता नहीं किस बात पर चख-चख हो जाती है
माँ-बाप के लिए तो हमारे दिल में
कृतज्ञ अनुराग की ज़बर्दस्त हिलोरें उठती ही रहती हैं
पर न जाने कौन क्या कह बैठता है
कि अक्सर खटपट हो जाती है
दोस्तों की तो बात ही मत पूछिए
जो सबसे अज़ीज़ है उसी से अबोला

हमारी अच्छाई अपना मन मसोस के रह जाती है
और खुद के यूँ पोशीदा रह जाने पर अफ़सोस करती रहती है
वह हमें अक्सर एक अनिवार्य पछतावे की तरफ ले जाती है
जो कि एक ख़ालिस चीज़ है
जिसकी रगड़ से आत्मा चमकने लगती है
जिसमें हम अपना मुखड़ा देखते रहते हैं
जो वैसा हरगिज़ दिखाई नहीं देता

जैसा हम देखना चाहते रहे हैं
जिसका एक उप-पछतावा फिर होने लगता है

शायद हम अच्छाई के डंक के मारे हुए
उतने—अच्छे—नहीं क़िस्म के लोग हैं

शायद हमें इलाज से नहीं
इस रोग से ही
अपनी ताक़त खींचनी पड़ेगी

आदमी की तरह

डूबने से बचने की कोशिश में
हाथ-पैर मारते-मारते
वह सीख गया तैरना

और जब सीख गया
तो तैरते-तैरते
ऐसे तैरने लगा
कि अचम्भा होने लगा
कि वह आदमी है या मछली

यहाँ तक कि
खुद उसे भी लगने लगा
कि पानी में जाते ही
उसमें समा जाती है
असंख्य मछलियों की
व्यग्रता और चपलता

लेकिन मछलियाँ आदमी नहीं होतीं
और पानी के स्वभाव के बारे में
वे मछलियों की तरह जानती हैं

इस बात का पता उसे तब चला
जब वह मछलियों की तरह तैरते हुए
वहाँ जा पहुँचा
जहाँ जाना नहीं था

मछलियाँ देखती रहीं उसे
आदमी की तरह डूबते हुए

शर्तें लागू

प्रलोभन की उकसाती इबारत के नीचे
बारीक फ़रेबी हर्फ़ों में लिखा है
शर्तें लागू
जो बहुत ग़ौर से देखने पर ही नज़र आता है
शर्तें तो फिर भी नज़र नहीं आतीं

एक दिन सोचना पड़ता है
वे कौन-सी छुपी हुई शर्तें हैं
जो हमारे जन्म लेते ही लागू हो गई थीं?

क्या वे तब लागू हो गईं थीं
जब किसी शाम
डूबते सूरज को देखते हुए
हमने पाया कि
हमारी आँखें न जाने क्यों भर आई हैं

या किसी रात
अचानक आकाश में तारों का असीम वैभव
देखते हुए
स्तब्ध खड़े ख़याल आया था
कि ये सब तब भी होंगे
जब हम चले जाएँगे!

या रेलवे स्टेशन पर जब वह फटेहाल बच्ची
दो रुपए का सिक्का लेकर आई

और उसे बताया गया
कि पाँच रुपए से कम की कोई चीज़ यहाँ नहीं मिलती
वह धीरे-धीरे वहाँ से हट गई थी
और हमारे मुँह में
समोसे का टुकड़ा पत्थर हो गया था

धीरे-धीरे इस तरह
पता चलता रहता है
कि जीवन छुपी हुई शर्तों का मसौदा है।

पहचानना

वह इतने अपनापे से मिला
कि उससे अपरिचय जताना असम्भव था

दिमाग़ की तमाम दराज़ों को उलटते-पलटते
और बातों के खेल को ज़ारी रखते हुए
उसी में से उसकी पहचान के सुराग ढूँढते हुए
मैं भीतर ही भीतर एक जानलेवा कोशिश में मुब्तिला था
उसके मुस्कुराने के ढंग और होंठों की बनावट में
कोई हल्की सी कौंध थी ज़रूर जो होकर मिट जाती थी
मुझे अधर में हाथ-पैर फेंकते हुए छोड़कर

उधर उसके उत्साह में कोई कमी न थी
और मैं थक रहा था
अब तो वह पल भी गुज़र चुका था
जब मैं उससे कह पाता माफ़ कीजिए
मैंने आपको पहचाना नहीं
इतनी देर बाद यह वाक्य
एक क्रूरता की तरह घटित होता

और मैंने जाना
कितनी मुश्किल क्रिया है पहचानना
जैसे एक खोखली ज़मीन पर चलना है
जिसमें भू-धसान का पग-पग पर ख़तरा है
या ज़मीन के भरोसे दलदल में धँसना है
जिसके बाद पहचानने का कोई अर्थ नहीं

बाज़ दफ़ा जिनके बारे में हमें यक़ीन होता है
कि ये हमें पहचानते हैं अच्छी तरह
वे अजनबियों की तरह हमारे आर-पार देखते हुए
इस तरह गुज़र जाते हैं जैसे जानते हों कि
इस समय हमें पहचानना उनके हित में नहीं है
इससे पहचानने का समय से सम्बन्ध पता चलता है

पता नहीं उसने पहचाना या नहीं
तमाम कोशिशों के बावजूद
मेरी आँखों की चमक के बुझते जाने को
या अभिनय की डोर के अन्तिम छोर पर
बुरी तरह डगमगाते मेरे पैरों को
कि उसने विदा ली
और जैसे इस आत्मीय वार्तालाप के ताबूत में
आखिरी कील ठोकता हो
इस तरह 'फिर मिलने' का कह चल दिया

वह मुझे फिर कभी नहीं मिला
और अब तो उसका चेहरा भी मुझे याद नहीं
पर अपनी ही आँखों की वह नकली चमक
अपने ही पुरखुलूस वे निरर्थक संवाद
वह हाथ मिलाने की गर्मजोशी
विदा के समय का वह मुस्कुराना
बार-बार याद आता है
जैसे कहता है
पहचानने का ताल्लुक सिर्फ दूसरों से ही नहीं
वह अपने साथ की जाने वाली
एक कार्रवाई भी है

खोई हुई चीज़ें

खोई हुई चीज़ें जानती हैं
कि हम उन्हें ढूँढ रहे हैं
और यह भी
कि अगर वे बहुत दिनों तक न मिलीं
तो मुमकिन है
वे हमारी याद से भी खो जाएँ

इसलिए कुछ और ढूँढते हुए
वे अचानक हाथ में आ जाती हैं
हमारे जीवन में फिर से दाखिल होते हुए

हम उन्हें नए सिरे से देखते हैं
जिनके बगैर जीना हमने सीख लिया था

जैसे हम एक खोए हुए वक़्त के हाथों
अचानक पकड़े जाते हैं

और खुद को नए सिरे से देखते हैं

जल्दी से आईने के सामने से हट जाते हैं

सूत्रधार

अन्त में सभी को मुक्ति मिली
सिर्फ उसी को नहीं
जिसे सुनानी थी कथा
कथा से बाहर आकर

अपने ही पैरों के निशान मिटाते हुए
उसे जाना होगा उन तमाम जगहों पर
जहाँ वह पहले कभी गया नहीं था
देखना और सुनना होगा वह सब
जो अब तक उसके सामने प्रगट नहीं था
और इसलिए विकट भी नहीं

इस मलबे से ऊपर उठकर
उसे नए सिरे से रचना होगा सब कुछ
उन शब्दों में जिन्हें वह पहचानेगा पहली बार
जैसे अंधे की लाठी रास्ते से टकराकर
उसे देखती है

और बढ़ते रहना होगा आगे
कथा के घावों से समय की पट्टियाँ हटाते

अन्त में सभी को मुक्ति मिलेगी
सिर्फ उसी को नहीं

नींद

बचपन के दिनों के बीचोंबीच
कभी-कभी एक नींद हुआ करती थी
जिसमें गिरने के बाद
दुनिया हाथ से छूट जाती थी

लेकिन नींद थी तो जागना भी पड़ता था
और जागने के बाद मैं
खुद को एक उलझन में पाता
नींद के इस तरफ वाला दिन
मुझे अगले दिन की तरह लगता
जो सीधा शाम में छुपता हुआ नज़र आता

धीरे-धीरे पता चलता
यह नया दिन नहीं
कोई नई शुरुआत नहीं
और न किसी समापन का आरम्भ ही है

बिला गया है वह सम्भ्रम
बचपन के साथ-साथ
और अब किसी नींद में ऐसी धार नहीं रही
जो दिन को दो-फाँक कर दे

अब मैं कहीं जा ही नहीं पाता
जहाँ से लौटना पड़े भारी क़दमों से
उसी दिन में

कभी-कभार की झपकियाँ अब भी हैं
बचा हुआ दिन जिन पर
लगातार दस्तक देता रहता है

गूँज

खाली घर में गूँजती है आवाज़

घर हमारा है
खालीपन घर का
आवाज़ हमारी है
और गूँज घर की

हमने खुद को कभी इस तरह नहीं सुना
कि हम कुछ कहें
और हमारा घर उसमें अपना भी कुछ जोड़ दे
वह इस तरह हमारी आवाज़ में शामिल हो जाए
कि हम चौंक जाएँ

हम ले आएँगे चीज़ें और चीज़ें और चीज़ें
भर देंगे इस खालीपन को
हमारी गूँज को सोख लेंगी चीज़ें
चीज़ें हमारी आवाज़ को भी जज़्ब कर लेंगी
उनके बीच बैठे हुए एक दिन हम उन्हीं की तरह लगेंगे

तब हम कुछ कहेंगे
और कहीं गूँज नहीं होगी
ग़ौर से सुनेंगे तो आवाज़ भी नहीं होगी
थोड़ा ध्यान से देखेंगे तो शायद हम भी नहीं होंगे

और हमें अटपटा नहीं लगेगा
कि यह कोई नई चीज़ नहीं होगी

ढीला बटन

यह ढीला बटन कुर्ते का
एक रूठा हुआ बटन है
वह अन्य-मनस्क है
उसका मुँह उतरा हुआ है
शायद वह शिकायत करना चाहता है
हमारी उँगलियों की खींच भरी
अभद्र पकड़ और रगड़ की

हम उसे एक उचटती नज़र से देखते हैं
और फिर यह सोचकर नहीं देखते
कि बाद में देख लेंगे
अभी तो यह मानिनी नायिका की तरह ही सही
सीने से लगा हुआ तो है
फिर की फिर देखी जाएगी

एक दिन हम कुर्ते में गर्दन फँसाएंगे
पहले उँगलियों को पता चलेगा
फिर आँखों को
एक संक्षिप्त सदमा सा लगेगा हमें
जो प्रत्याशित का सदमा होगा
यह किसी के जाने के लिए तैयार होते रहने
और अन्ततः उसके चले जाने पर
सारी समझदारी के बावजूद
स्तब्ध रह जाने की तरह है

काफी समय से
ढीला रहा आया बटन
कुछ वियोगाकुल धागे छोड़कर
हमारे अनजाने में
जाने कहाँ बिला जाएगा

वह दाम्पत्य के उस अनमने क्षण में बिदा लेगा
जब पति असहाय होकर
टूटे बटन वाले कुर्ते लेकर
पत्नियों के सामने खड़े होंगे
और सूई में धागा पिरोते हुए
दराज में रखी डिबिया में
वैसा ही कोई बटन ढूँढते हुए
पत्नियाँ इत्मीनान की साँस लेंगी

रूठे हुए बटन
इसी तरह सत्यापित करते रहेंगे
गृहस्थी को।

आदत

वह धूल की तरह है
ज़िद्दी और अजेय

कई बार हम उसका मुक़ाबला करना चाहते हैं
मगर एक पस्त कोशिश
और फिर उसकी अनदेखी
और उसके बाद
घुटने टेकते हुए
अपनी पराजय का बेआवाज़ इक़रारनामा
यही आदत का मानचित्र है

दिलचस्प हैं आदत के खेल
मसलन, हालाँकि मरना जन्म लेते ही शुरू हो गया था
पर मरने की आदत नहीं पड़ती
जीने की पड़ जाती है
और जीवन कैसा भी हो
मरना मुश्किल होता जाता है

साथ की आदत हो जाती है
जैसे उम्मीद की
और इन्तज़ार की भी

लेकिन कभी-कभी
उससे अपने-आप में
अचानक मुलाक़ात होती है

हम उसे स्तब्ध से पहचानते हैं
कि वह इतने दिनों से
रही आई है हममें
और हम पहली बार जान रहे हैं
कि वह हमारी ही आदत है।

बात

वह किसी खुरदुरी बात की रगड़ थी
भीतर से कुछ छिल जाता भर था

दुर्घटना की भव्यता उसे नहीं मिलनी थी
वह औचक फाँस लग जाने जैसी
कोई नामालूम आकस्मिकता थी

वह कसकती थी और किरकिराती थी
झपकती थी और झपकती ही जाती थी

अकेले में अचानक सिर उठाती थी
हँसी-मज़ाक़ में बुझ नहीं पाती थी

जिसे दिग्विजयी समझ
लोग सब सहमते थे
वह बेचारा
कलेजे की किसी गुपचुप चोट का मारा हुआ
एक बात से बिंधा हुआ
वन-वन भटकता था

उसके घोड़े की टापें
उसी की छाती पर गुज़रती थीं
और वह रुक नहीं पाता था।

जैसे

चाहता हूँ
कि तुम्हारा काम
मेरे बिना
वैसे ही न चले
जैसे
उपमा का काम
'जैसे' के बिना नहीं चलता

हमेशा

तृप्ति एक बार फिर
कामना को जगह देती है

कामना एक बार फिर
तृप्ति के जल में डूबती है

और फिर बाहर निकल आती है
अनाहत
कमल की तरह

उस पर पानी की जो यहाँ-वहाँ बूँदें हैं
वह तृप्ति की स्मृति है

कामना हमेशा इस स्मरण से संतप्त है

मध्यान्तर के बाद

मध्यान्तर के बाद
फिर धूप है

अब बारिश नहीं
धुले हुए पेड़ों में
बची रह गई
बारिश की आवाज़ टपक रही है

खलिहान में सूख रहा अनाज
अचानक भीगने से तमतमा रहा है
सूखी पत्तियों के पीले में
एक स्याह गीलापन उतर रहा है

हवा में भीगी मिट्टी की छुअन है
पंछियों के पंखों की फुरकन में
एक भटकी हुई बदली की
खिलखिलाहट है

वन में जलावन चुनती
औचक बरसात से बचने के लिए
चट्टान के नीचे खड़ी हुई लड़की
खुद को चट्टान की जड़ में उगता छोड़
अपने भीगे आँचल में
भीगी हुई लकड़ियों को समेटती हुई
लोप हो गई है

किसी जादुई स्लेट पर
जैसे यह स्केच था बारिश का

और अब फिर धूप है
मध्यान्तर के बाद

हवा

खूँटी से टँगी
पतलून में हवा की टाँगें हैं

अपने शर्ट के बटन खोले
ये हवा है
जो हमारी कमीज़ पहने है

कपड़ों में हमारी गैर मौजूदगी को पहन कर
वह जताती है
कि केंचुली नहीं
ये कपड़े हैं जो हमने उतारे हैं

हम फिर पतलून में खुद को डालेंगे
और शर्ट पहनकर बटन लगा लेंगे

और सड़क पर चलेंगे
तो बगैर कपड़ों के
हवा हमारे चारों तरफ दौड़ेगी

चित्रलिखित

अँधेरा और उजाला उस घर में
एक-दूसरे के लिए जगह छोड़ते हुए रहते थे
एक छोटी सी देगची
दाल के पकने के इन्तज़ार में खदकती थी
धुँआता एक स्टोव चाय में अपना स्वाद घोलता था

तह किए गए बिस्तरों, किताबों,
तमाखू की डिबिया और कल्याण के पुराने अंकों से
बीतने की गन्ध उठती थी
और घर भर में छा जाती थी

दीठ में काला चन्द्रमा उग रहा था
और अब उस घर में
एक बूढ़े के हाथ और पैर
देखना सीख रहे थे
वह लड़खड़ाता था और सँभलता था
और गिर जाने से बचने को
अपनी जीत की तरह लेता था

काँपते हुए आयुजर्जर हाथों में
अब भी बचाए हुआ था अपनी लौ

बाहर हवा चलती
और पीले पत्ते हवा में तैरते
अन्ततः आ जाते ज़मीन पर

और भीतर वह था
एक धूसर इन्द्रधनुष की त्रिज्या में खड़ी
बारिश को अपार धैर्य से सहती-स्तब्ध
किसी गाय की तरह चित्रलिखित

अपने अनजाने में वह
उस घर में एक चित्र को लिखता था

मरीचिका वह

बारिश में भीगते-भीगते
देह भर नहीं
आत्मा तक थी सराबोर
पोर-पोर संतृप्त

कि लौटने लगा सपना

उसने बरसते हुए बादल को
अपने ऊपर से भागते देखा
और धूप से घिर गया
बस पल भर को वह भाप दिखाई दी
जो देह और आत्मा से उठ रही थी
कि तीखा होता गया घाम
जलने लगी काया उसकी
और दूर-दूर तक कहीं नहीं थी छाँह

इतना सा फ़ासला था
इस जलने और उस भीगने के बीच
नींद और जाग की दरार में
फँसा रह गया वह उम्र भर

उसकी आँखों में जो नमी-सी है
गौर से देखने पर
वहाँ रेत उड़ती दिखाई देती है जैसे
वह एक रेगिस्तान है

जो अक्सर बरसात का सपना देखता है
और बीच सपने में
उसकी नींद टूट जाती है

शेष कथा

हमारे जहाज़ धीरे-धीरे धँस रहे हैं
उनके नीचे पानी रेत हो रहा है

मछलियों की याद
मछेरों के जाल में अटकी है

यहाँ कभी समुद्र था
और कहते हैं किसी समय के पानियों पर चलते
किसी जहाज़ के कुछ थके और उकताए हुए जहाज़ियों ने
किसी धुँध भरी भोर में
अपनी आँखें मसलते हुए
यहीं कहीं वह अप्रत्याशित द्वीप देखा था

अब उसकी कल्पना भी कठिन है
और वे जहाज़ी भी अपने क़िस्सों में गुम हो चुके हैं
लेकिन उस सन्दिग्ध द्वीप के सरस गल्प में
अब भी सुनी जा सकती हैं उनकी दरकी हुई आवाज़ें
जिनमें वे क़समें खाते हुए कहते हैं
हाँ-हाँ, वहाँ एक द्वीप है ज़रूर
सुख और सफल मनोरथों का द्वीप है वह
जो पृथ्वी के स्पर्श की समुद्र की इच्छा से उपजा है
अजीबोग़रीब है उन दोनों का रिश्ता
कभी वह द्वीप समुद्र के अंक में
बच्चों की तरह निरापद नींद सोता है
कभी समुद्र उस द्वीप के कंधे पर

सिर रखकर रोता है
कोशिश करने पर भी हम वहाँ पैर नहीं रख सके
हमारे हाथ बस उस द्वीप की कथा ही आई

अब वे जहाज़ी कहीं नहीं हैं
और कब्रों में अगर स्मृतियाँ भटकती हों भी
तो हम उनके बारे में कुछ नहीं जानते
मगर कथा शेष है और उसका जादू भी
जिससे बँधे हम
अपने-अपने जहाज़ों से उड़ते हैं
समुद्री चिड़ियों की तरह
उस असम्भव द्वीप की एक झलक के लिए

और थककर लौटते हैं घिरते हुए अँधेरे में
धीरे-धीरे धँसते हुए जहाज़ों के आसपास

सिसकियों की काँपती हुई
एक नीली लौ
अँधेरे में जागती है
चुपचाप

जलाशय

तालाब में डूबते हुए
उसने सोचा
उसके साथ उसका दुख भी डूब जाएगा

वह ग़लत था

उसके डूबते ही
तिर आया उसका दुख सतह पर

कहा जा सकता है
कि वह जलाशय दरअसल एक दुखाशय था
जहाँ हल्के और भारी
बड़े, छोटे और मझोले दुख तैरते रहते थे

जो देख पाते थे
वे अपने से बड़े दुखों को देख लेते थे
और लौट जाते थे

जो नहीं देख पाते थे
वे अपने भी दुख उसी को सौंप जाते थे

कहने की ज़रूरत नहीं
कि वह बहुत सदाशय था

होते-होते

क्रमशः बन्द होते हैं कामनाओं के अनन्त द्वार
किसी अनबिकी चीज़ के पुराने होते जाने
और दुकानदार की नज़र से गिरते जाने की तरह
जमती जाती है उम्र की धूल भाग्य की प्रतीक्षा में

चुभती रहती है किसी की दीठ
गर्दन के बीच की हड्डी पर
कौंधती रहती है लाल हर्फों में एक अबूझ लिपि
यह शब्दों के अपने बिलों में रेंगने का वक़्त होता है
कि भाषा की अक्षत केंचुली सहेज ली जाती है

अतल अँधेरे में लुप्त होता है एक गर्म आँसू
एक काली दीवार से टकरा कर लौट जाती है
अजन्मे शिशुओं की समवेत गुहार
भयानक और भयभीत होते हुए एक साथ
आश्रय ढूँढता है बारिश में औचक बह आया साँप
विलाप से यत्किंचित दरकता है अरण्य का संसार

अपलिखित एक पंक्ति खारिज करती है पांडुलिपि को
शब्दों की दुरभिसंधि होती है अर्थ के विरुद्ध
होते-होते क्षय हो जाता है पूर्वजों का पुण्य
और अपनी ही गठरी के बोझ से चरमराते हैं स्नायु

पीठ पर सवार एक पिशाच हाँकता है रात-दिन
पीछे देखने पर पत्थर में बदल देता है
देह की ही नहीं, एक दिन आ जाती है आत्मा की कुर्की
यवनिका नहीं शटर की तरह गिरता है समापन

इस आज में

जब वह दरअसल था
क्या इतना ही अच्छा था
जितना लग रहा है आज

शायद इस धुँध से तो अच्छा था
जो आज के ठीक सामने
तमाम चीज़ों पर अपनी चादर डाल रही है

शायद इस घूमती हुई ज़मीन से भी अच्छा था
जिस पर खड़े-खड़े चल रहे हैं हम
डगमगाते-सँभलते

धीरे—धीरे सोख लिया विस्मृति ने
उसका सारा विष
स्मृति ने सजा दिया
सुघर हाथों से उसका गुलदस्ता

और अब उठ रही है उसकी खुशबू
इस आज में
जो खुशबू नहीं
खुशबू की कथा है

उसे लगातार हमारे लिए सिरजती
पोंछती, माँजती, सँवारती

जो हो सकता था शायद
जो शायद दरअसल था

डर, पृथ्वी के इर्द-गिर्द
एक उपग्रह की तरह मँडराता है

चौथा शेर

सारनाथ के अशोक स्तम्भ में चार शेर हैं
जो किसी भी तरफ से देखने पर
तीन ही दिखाई देते हैं

चौथा शेर यक़ीनन एक मायूस शेर होगा
भग्नहृदय और अवसाद-ग्रस्त
इतने-इतने बरसों में
कभी सुनाई नहीं दी उसकी दहाड़
शायद अपने चेहरे को ढूँढता हुआ वह चौथा शेर
मोहभंग का शिकार होकर
चल दिया होगा फिर से जंगल की ओर
जहाँ रहने के कायदे भूल जाने की वजह से
वह गिरा होगा किसी छुपे हुए गड्ढे में
और ले आया गया होगा
चिड़ियाघर के पिंजरे में
जहाँ अब वह अपनी भयानक बेचैनी और ऊब में
चक्कर काटता रहता है
और लोग उस पर हँसते हुए कंकर और
मूँगफली के छिलके फेंकते रहते हैं
वह अपनी पनीली, उदास और धुँधली आँखों से
जन-गण के इस विचित्र मन को देखता रहता है
रात में उसके रोने-डुकरने की आवाज़ आती है

मुमकिन यह भी है कि एक ऐसे समय में
जब सियारों और गीदड़ों के नक्कारखाने में

खुद शेर की आवाज़ एक तूती की हैसियत रखती हो
यह चौथा शेर अपने शेर होने की निरर्थकता पहचान गया हो
और अपने तीनों सजावटी भाइयों की बनिस्बत
उसने यही बेहतर समझा हो
कि सिर्फ एक मुहर, एक चिन्ह
एक प्रतीकनुमा मौजूदगी में गुमशुदा रहते चले आने की बजाय
त्याग देना ही उचित है यह राजसी किन्तु काग़ज़ी वैभव

और फिर बुद्ध की तरह चल दिया हो
दुख के कारणों की तलाश में
बैठा रहा हो किसी अनाम बोधि-वृक्ष के नीचे
अपनी नखदन्तविहीन कातर गरिमा में वह करुण (अशेर-सा) शेर

जिसने जानी हो धीरे-धीरे
अपने दुख की पहली और अन्तिम वजह :

शेर होना
और रह न पाना

रीमिक्स

उत्तर आधुनिक काल में
अतीत और वर्तमान की ग़ज़ब मिक्सिंग हुई
हो चुके और हो रहे में
चीज़ें इस कदर गड्ड-मड्ड हुई
कि एक ग्लोबल क़िस्म के बाज़ारकाल में
एक देसी क़िस्म का भक्तिकाल जा मिला
इससे भक्तजनों को आन्दोलन का कारोबार मिला
अभी यह सब चल ही रहा था
कि ऐन इसके बीच वीरगाथाकाल आ कूदा
फिर तो ऐसी ज़ोरदार खुदाई मची
कि सारी क़ायनात पर उसकी धूल उड़ी
और साफ़-साफ़ कुछ भी देख पाना नामुमकिन हो गया

पीपल के पीछे
और बेरी के नीचे
रीतिकाल का काँटा चैनल-चैनल गड़ गया
जो अखिल भारतीय स्तर पर मीठा-मीठा चुभा

कलियुग में त्रेता का रथ निकला
तो द्वापर का महाभारत मचा
राजसूय के बाद शान्ति स्थापना हुई
और विकास का पथ प्रशस्त हुआ

पुराण, इतिहास के कपड़े ले भागा
तो इतिहास को जिसने जो चाहा, पहनाया

इससे वर्तमान के लिए एक आदर्श सम्भव हुआ
और एक दिशा मिली
जिसके तहत सब
पूरब की तरफ मुँह किए
पश्चिम की ओर चलने लगे

डर

पृथ्वी के दो अक्षांशों पर
अपने-अपने घरों में सोए हुए
दो व्यक्ति
एक जुड़वाँ सपना देखते हैं

यह एक डरावना सपना है

दोनों घबराकर उठ बैठते हैं
दोनों का कंठ सूखता है
दोनों पानी पीते हैं
और शुक्र मनाते हैं
कि जो कुछ भी हुआ
सपने में हुआ

दोनों अगली सुबह अपने
काम पर जाते हैं
सपने को भूल जाते हैं

डर, पृथ्वी के इर्द-गिर्द
एक उपग्रह की तरह
मँडराता है

ढूँढ़ने का खेल

अभी सुबह होने को होती है
और वह प्रवेश करती है
परिचित कुत्ते सुपरिचित ढंग से उस पर
भौंकते रहते हैं

फिर प्रत्याशित के बीच अप्रत्याशित
ढूँढने का खेल शुरू होता है
आँखें खोजबत्ती सी हो जाती हैं

उसे एक चाबी मिलती है
और उसे लगता है, दिन की सही शुरुआत हुई है

कुछ और आगे चलकर
उसे एक टूटी हुई कलम मिलती है
एक बिना ढक्कन का डिब्बा
एक स्त्री की घुटी हुई सिसकी
दबी मिलती है पॉलिथिन की थैलियों के नीचे
बहुत से घरों की चश्मदीद धूल में दबा
मिलता है खाँसी का दौरा
और एक बच्चे का औचक आधीरात में जागकर
चीख मार कर रोना
कुछ नाकारा रेज़र—घिसा हुआ टूथब्रश
एक नाक़ामयाब इबारत लिखा क़ागज
टूटी हुई घड़ी पुराने ख़तों के पुर्जे
एक जवान आदमी की पस्ती

एक बूढ़ी स्त्री के शाप और कोसने
एक क्षतविक्षत कंघी और उसमें फँसे बाल
रैपर—कार्टन—चिन्दों में
सूखे हुए बलगम और खून के थक्के

चयन उसका अपना होता है
वह मृत्यु की तरह आती है
और जीवन को बटोरकर
चल देती है

किम् आश्चर्यम्?

कुछ भी अचानक नहीं होता
आप नाटकों को बरतरफ कीजिए
और नाटकीय प्राणियों को भी
जो आश्चर्य में दचके खाते हैं
विस्मयादि बोधक चिन्हों में सराबोर

होने की एक निश्चित प्रक्रिया है
जिसमें लगातार हो रहा होता है
कहीं न कहीं, कुछ न कुछ

हाथ मिलाने से शुभरात्रि कहने तक
सफेद हो चुका होता है
एक आदमी के सिर का बाल
टाइपराइटर ठोकते हुए नौ से पाँच के बीच
एक नवजात झुर्री करवट ले लेती है आँखों के गिर्द
जिसका रोना सुनाई देता है आईने में

एक दिन का करिश्मा नहीं होती दीवार पर काई
हवा का कुछ न जाने कब से
मिलता रहता है दीवार के कुछ से
दसों दिशाओं में जाता है अन्नगन्ध का निमंत्रण
और तब अक्षौहिणी आती दीखती है चींटियों की

मैल और रगड़ से छीजते हुए
जीवन के व्यर्थ हुए वर्षों की तरह

उखड़ने लगते हैं एक दिन
कंघी के दाँते निरायास

और किसी दुर्विपाक की तरह नहीं
इसी तरह मुड़ते हैं आत्मा के कोने भी
धीरे-धीरे पुरानी क़िताब के पन्नों की तरह

संसार चलता है

उनकी निराशा बहुत घनी होती है
सिर्फ एक नम्बर से जीवन
जिनकी पकड़ से छूट जाता है

हताशा उनमें इतना कोहरा भर देती है
कि आगे का कुछ भी दिखना बन्द हो जाता है
वे टटोलते हुए आ जाते हैं खिड़की तक
और जीवन से बाहर छलाँग लगा देते हैं

इससे एक छोटे से डर में
एक बहुत बड़े डर का डूब जाना दिखता है

और वे जो कई नम्बरों से पीछे होते हैं
नीचे होते हैं जो किसी भी सूची में
चींटियों की तरह दीवार पर चढ़ने की कोशिश में
बार-बार गिरते-उठते और फिर गिरते हैं

उनके बारे में कोई नहीं जानता
कि अपनी राख में से अगली बार
वे फिर से साकार हो पाएँगे या नहीं

इससे एक छोटी सी कोशिश में
एक विकट उम्मीद का पता मिलता है

और संसार चलता है

तीसरी तस्वीर

ये एक जगह की दो तस्वीरें हैं

पहली कुछ दूर से ली गई है
इसमें एक ध्वस्त शहर का मलबा है
सारे घर तबाह
सारी छतें ग़ायब
सारी दीवारें टूटी हुईं
यह एक विराट खंडहर की तस्वीर है

दूसरी तस्वीर कुछ पास से ली गई है
इसमें हम ध्वंस के कुछ और क़रीब आते हैं
टूटी हुई छत वाली
एक तबाह चारदीवारी में
सिमटी-सहमी सी दो आकृतियाँ दिखाई देती हैं

जो एकान्त के ऐश्वर्यलोक में नहीं
एक भरे-पूरे स्पन्दित नगर के उजाड़ में
अपने बच जाने पर
हैरान और खौफ़ज़दा नज़र आती हैं

ये मनु नहीं हैं
जो भीगे नयनों से प्रलय-प्रवाह देख रहे हैं

ये मानुष हैं
जो इस उजाड़ में

अमानुषों के विरुद्ध
फिर एक घर बनाएँगे

इन तस्वीरों में
एक नए शहर के
पहले घर की तस्वीर भी
देखी जानी चाहिए

ये तब की बात है

ये तब की बात है
जब लोग प्रेम में
सफल होने के लिए नहीं
प्रेम की स्मृति में
घर बनाने के लिए
प्रेम करते थे

वे प्रेम नहीं करते थे
प्रेम का एक गल्प रचते थे
निर्द्वन्द्व उसमें रहते थे

ये तब की बात है
जब प्रेमीजन देवदास देख-पढ़
तड़प-तड़प जाते थे

प्रेम करने वाले
प्रेमिकाओं की शादी में
दौड़-दौड़ काम करते थे

यथासमय ब्याह कर
अपना घर बसाते थे

प्रेम की स्मृति के घर में
अक्सर चले जाते थे

यथासमय लौट आते थे

ख़बरनवीस

धरती की ख़बरें
पंछी आकाश में ले जाते हैं

आकाश की ख़बरें
ले आते हैं धरती पर

ये समाचार सुन-सुन
पेड़ कभी झूम उठते हैं
कभी सिहर जाते हैं

हम समझते हैं कि
वसन्त और पतझर
आते हैं

किधर?

दुनिया के तमाम पिंजरे
पंछियों के इन्तज़ार में हैं

दुनिया के तमाम पेड़
पंछियों के इन्तज़ार में हैं

और बीच में इस अछोर आकाश का
यह न्यौता दुर्निवार

दुनिया के तमाम पंछी
आखिर किस विचार में हैं?

आपातकाल

घर के कीट-पतंगों को
निगलते रहने से ऊबी
यह छिपकली
अब आसमान को घर की छत समझ
वहाँ न जाने किस पर घात लगाए है

सितारों में कँपकँपी है
चाँद की सिट्टी गुम है
मारे डर के सूरज
पश्चिम की जानिब फ़रार हो रहा है

धरती पर कुछ तिरछी सी पड़ रही है
ऊपर उल्टे पैरों चलती
छिपकली की दैत्याकार परछाई

आकाश में आपातकाल है इस समय
धरती पर आपातकाल की छाया है

उनके जीवन का नमक
बारिश में घुल कर बह रहा था

एक सुबह

फूल अपनी खुशबू गहनों की तरह उतार कर जा रहे हैं
पीलेपन की दस्तक पर एक पत्ती अपने हरे किवाड़ खोल रही है
टूटे हुए एक तारे की राख खपरैल से फर्श पर गिर रही है
तितलियाँ वल्कल के पंखों में बैराग ले रही हैं
ग्रहों की तिरछी नज़र में ज्योतिषी लड़खड़ा रहे हैं
वानप्रस्थ के दिगन्त में सफेद केश लहरा रहे हैं
वह एक बूढ़े दिमाग में दुखते हुए घुटनों के साथ घूम रही है

देह का बुखार क्रमशः उतर जाने के बाद
कथाओं की जमा चुक जाने के बाद
सिरहाने की गठरी के खिसक जाने के बाद
आखिरी सिक्के की खनक डूब जाने के बाद
वह लौटने को सोचती हुई हाँफ रही है

भीतरी ठंडे-गरम सोतों में सिहरती-सीझती
चलने से ज़्यादा उड़ती और तैरती
वह एक लड़की है चौदह बरस की
दरवाज़ा खोलते ही जिसकी नज़र लटके हुए पाँवों पर पड़ती है
फिर आँख डरते हुए ऊपर जाती है
और चीख उसके गले में रुँध कर रह जाती है

खून थम जाता है जहाँ का तहाँ घड़ी भर
और फिर पछाड़ खाकर दौड़ने लगता है
वह भी पलट कर भागती है और भागती ही जाती है
कोहराम में डूबा संसार पीछे छूटता जाता है

उखड़ते दम को साधकर वह अपना चेहरा पानी में देखती है
यह प्रतिबिम्ब अब चौदह बरस की लड़की का नहीं
जो एक सुबह की शाखों में पतंग की तरह फँस कर रह गई थी
बीती हुई जगहें तलहटी में औंधी पड़ी हैं
उसका सिर सफेद है, आँखें थकी हुईं, घुटने दुखते हुए
और सोचने भर से उसकी साँस चलने लगती है

अपने पुराने अँधेरे सन्दूक में
काले कपड़े में बँधे एक दृश्य की पोटली से
टकरा रहे हैं उसके हाथ बार-बार
जबकि वह अपने दिमाग में भटकते हुए
पोते के लिए एक कहानी ढूँढ रही है

वह जो अब हरगिज़ चौदह बरस की लड़की नहीं
अपने चौथेपन में एक पकी हुई औरत है
जिसने एक सुबह मर कर
इतनी उमर ली है

अलोनी

एक दिन वह स्त्री
सब्ज़ी में नमक डालना भूल गई

दफ़्तर के लिए निकली
और भर बरसात में हाथ में थमा
छाता खोलना भूल गई

लौटते हुए वह पता नहीं किस
बस स्टॉप पर उतर गई
एक सदमे की तरह उसने जाना
कि वह अपना पता भूल गई है

घबराहट में उसकी साँस फँसने लगी
एक दरवाज़े को उसने खोल कर देखा
वहाँ एक आदमी बिना नमक की सब्जी के लिए
अपनी पत्नी को डाँट रहा था

भाग कर वह सड़क पर आ गई
तेज़ बारिश होने लगी थी
और रास्ते पर चलती
तमाम औरतें अपने छातों से जूझ रही थी
जो खुल नहीं रहे थे

हाथों में अनखुले छाते लिए
भीगती हुईं वे स्त्रियाँ
अपना-अपना पता ढूँढ रही थी
उनके जीवन का नमक
बारिश में घुल कर बह रहा था

अनकहा

जो कुछ वह कहना चाहती थी
मरने से पहले
वह उसकी आखिरी हिचकी में
कहीं फँस कर रह गया
सुनने वाले बहुत कोशिश करने पर भी
कुछ सुन नहीं पाए

इसके पहले बेहद पीड़ा से भरी
फुसफुसाहटों का एक बार-बार टूटता हुआ
सिलसिला था जिसे सुन पाना
उस मरणान्तक कोशिश की तरह ही
मुश्किल था

वह कुछ कह रही थी
बिखरते शरीर और उखड़ती साँस को
समेटती हुई वह कुछ कह रही थी
लेकिन कहन तक उसकी आवाज़
पहुँच नहीं पाती थी
उसके होंठ तकलीफ़ की जुम्बिश में हिल रहे थे
और निराकार शब्दों की बेचैनी
सभी को मथ रही थी

वह क्या कहना चाहती थी
अपनी अन्तिम इच्छा
या माफ़ करना चाहती हो किसी को

या अपने तमाम जन्मों के दाह से सींचा हुआ
कोई शाप बुदबुदा रही थी
अपने बच्चे को याद कर रही थी
या ईश्वर से रूबरू थी उस समय
वह जीवन भर कुछ न कुछ बोलती रही
और एक ऐसी आवाज़ की तरह जीवित रही
जिसका होना तो पता रहता है
जिसके होने पर कोई ध्यान नहीं देता
घर भर की तमाम चीज़ों पर
उसकी आवाज़ की धूल थी
जिन्हें अपनी ही लगातार आवाज़ के पर्दे में
गुम होती हुई वह
पोंछती-चमकाती रहती थी

अपने होने को बुहारते रहने का यह सिलसिला
तब अचानक गड़बड़ा जाता
जब कोई उस पर वाकई ध्यान देने लगता
वह अचकचा जाती, एकदम चुप हो जाती
वहाँ से हट जाती

और आज जब वह कुछ कह रही थी
और सब उसे गौर से सुनने की कोशिश में थे
वह हमेशा की तरह एकदम चुप हो गई
हट गई गुम हो गई

वे सब अब उसकी आवाज़ को
बार-बार ढूँढते हैं
और वह अपनी तस्वीर में से
उन सबको अपलक देखती रहती है

उत्तर–प्रश्न

कामना का यह अन्तिम प्रहार
प्रेम की यह आखिरी तड़प
और एक साथ इतनी बिजलियों का गिरना

अब आग नहीं
आँच की खुमारी है

स्याह पर्दे पर
फुसफुसाहट की इबारत में
लिखता है वह
एक पुरातन पुरुष-प्रश्न :
कैसा लगा?

कि जैसे टूटता है जादू
अचानक कम होने लगता है
कमरे का तापमान

सिहरते हुए वह
चादर सिर तक खींचती हुई
पूछना चाहती है

तुम प्रेम कर रहे थे
या परीक्षा दे रहे थे

समर्पण में विभोर थे

या अवरुद्ध थे तनाव में

लेकिन वह कुछ नहीं कहती

और वह उसके मौन को
अपनी तरह से
बूझता रहता है

एक समय की बहनें

मुकेश के गाए दर्द भरे गीत उनकी कॉपियों में लिखे होते। कभी-कभार देखी गई फिल्मों की कहानियों को वे कुछ इतने दिलचस्प ढंग से सुनाती कि बाद में उनके मुक़ाबले खुद वे फिल्में बेमज़ा मालूम होतीं। वे कुछ रूमानी उपन्यास भी पढ़ती थीं कभी-कभी, जो उनकी उदासी को नाहक बढ़ा देते। उस उम्र में उदासी उन्हें किसी गहने की तरह लगती थी जो जब-तब गिर जाता था उनकी नज़र बचाकर और वे एक हँसी में फूट पड़ती थीं गाहे-बगाहे।

वे एक समय की बहनें थीं। ढले हुए सपनों में ढली हुईं। बेसुरी आवाज़ों को अनसुना करती हुईं। ढेर सी नाकुछ बातों में उगती-पकती हुईं। तीज त्योहारों के साझे संसार में अपने उल्लास और कामनाओं के लिए सेंध तलाशती हुईं।

उनके छोटे भाई उनकी पहली सन्तान थे, जिन्हें जन्म देने के बाद उनकी माँएँ अक्सर बीमार पड़ जातीं। जिन्हें कमर पर लादे हुए उन्हें खेलने होते अपने सारे खेल और जो चलना सीखते ही उनके रक्षक करार दिए जाते।

वे इस तरह बोई जातीं कि उखाड़ी जा सकें आसानी से और फिर रोपी जा सकें किसी दूसरी जगह।

वे एक समय की बहनें थीं जो धीरे-धीरे विसर्जित होती रहती थीं किसी दूसरे समय में।

अर्थ जान लेना
व्यर्थ कर देना है

हम जहाँ हैं

शुक्रगुज़ार होते हैं कि हम वहाँ नहीं थे।

धीरे—धीरे सिहरन बदलती है मनोरंजन में। कल का डर
बन जाता है आज का क़िस्सा। कल का हादसा आज
का सिर्फ दृश्य रह जाता है।

शुक्रगुज़ार होते हैं कि हम वहाँ नहीं थे। घुसते हैं राहत
में निकलते हैं साँसत में। लौट आते हैं और धुएँ में
घिरकर छटपटाते हैं। फेंफड़ों में घुसते हुए पानी से
जूझते—बदहवास, बाहर निकलने का रास्ता ढूँढते हुए
धीरे-धीरे बुझते रहते हैं अपने ही खून की नदी में।

शुक्रगुज़ार होते हैं कि हम वहाँ नहीं थे। लौट आते हैं
फिर एक बार और हम जहाँ हैं वहाँ खुद को साबुत—समूचा
देखने के लिए कोई आईना ढूँढते हैं।

जाहिर सूचना

जिस जगह मेरा रोम-रोम 'नहीं' का आर्त्तनाद कर रहा था, वहाँ मैंने अपने सिर को सहमति में हिलते देखा। मैं दुश्मन की नाक पर घूँसा मारना चाहता था, मगर मैंने पाया कि मैं हँसते हुए बगलगीर हो रहा हूँ उसके। अचानक मैंने अपने-आपको एक ऐसा गीत गाते पाया जो मुझे कतई पसन्द न था। मैंने जो कविता लिखी उसमें अपने शब्दों को बरतरफ कर अजनबी लफ़्ज़ों को काबिज होते देखा।

कोई है जो चला गया है मेरे कमरे की चाबी के छेद में छोड़कर अपनी आँखें। जो देखता है दूरबीन से मेरे दिमाग में। जो मेरे नींद में गिरते ही, देह के पट खोल विचरता है वहाँ जहाँ जाऊँगा ही नहीं कभी मैं। जो मुझे निष्प्रभ करके दीप्त हो रहा है मुझमें। जो मुझे हाँकता हुआ ले जा रहा है मुझसे विपरीत दिशा में। जो दुष्टता से मुस्कुरा रहा है मेरी त्वचा के नीचे।

देवियों और सज्जनों!
यह अन्य मेरा है मगर मेरे कहने में नहीं।
मैं इसकी किसी हरकत के लिए जिम्मेदार नहीं।
अगर आप उससे कोई लेन-देन करें तो अपनी
जवाबदारी पर, मेरे भरोसे पर नहीं।

कुछ हमेशा बीच में था

हम एक दृश्य में दाखिल होना चाहते थे।

हम भीतर जाना चाहते थे और भीतर जाने
की उत्कंठा में अपने पूरे वेग से टकराते
हैं काँच की उस दीवार से जो दृश्य के
और हमारे बीच में थी और जिसके बारे में
हम कुछ नहीं जानते थे।

न जानना भी एक अपराध है जो न दीवार
को साबुत रहने देता है, न हमें। दृश्य
अलबत्ता वैसा ही बना रहता है। काँच के टुकड़े
सीढ़ियों पर झरने की तरह बहते हैं। इसके बहुत
बाद फर्श पर खून की कुछ बूँदें दिखाई देती हैं
जो हमारे घावों से टपकी हैं।

काँच की दीवार के उस तरफ कोई चौंककर
सिर नहीं उठाता। कोई दौड़ा-दौड़ा नहीं आता।
इतने शोर, इतने ध्वंस का दृश्य में कोई हस्तक्षेप
नहीं होता।

अपने में काँच के अदृश्य टुकड़ों की चिलक लिए
लौटते हैं हम। हमारे घाव किसी को दिखाई नहीं देते।

अपनी उड़ान में

अपने कोटर के अँधेरे से निकलकर एक पक्षी
सीधा उड़ने लगेगा सूरज की तरफ़। इतने अँधेरे
के बाद अचानक तेज़ रोशनी से बिंध जाएँगी आँखें
उसकी। अन्धा होने पर भी वह आसमान में
भटकेगा नहीं। झुलसाती हुई तपन को वह आकाश
में अपनी पगडंडी बना लेगा और अविचलित
उड़ता रहेगा उस पर।

उड़ता रहेगा अन्धा पक्षी सूरज की ओर। अपने
मुग्ध अचरज को यूँ घबराहट में बदलता
देख सूरज फ़ौरन पश्चिम की तरफ़ सरकने
लगेगा।

इस तरह हम अचानक ही शाम का होना
और सूरज का उतावली से डूबना देखेंगे।
हम नहीं देख पाएँगे कि किस तरह अपने
पंखों के नशे में चूर एक अन्धा पक्षी
अपनी उड़ान में अस्त हो रहा है।

छाया मत छूना मन

कोई था समुद्र में जो ऊपर उड़ते पक्षी की छाया को जकड़ लेता।
जब तक पक्षी को अपनी लापता छाया के बारे में पता चलता,
रात हो जाती। रात भर छाया की स्मृति पक्षी के दुःस्वप्नों में फड़फड़ाती।
अगली सुबह सूरज अपनी दी हुई छाया के बारे में पक्षी से दरियाफ़्त करता।
इस डर से पक्षी सूर्योदय से पहले ही इस छाया को पाने के लिए समुद्र
पर फिर लौटता। पानी के भीतर उड़ान भरते पक्षी को जलचर अचरज से देखते।
उसकी व्यग्र तलाश से द्रवित होकर आखिर समुद्र उसे अपने (अ)
तल में ले जाता जहाँ असंख्य छायाएँ लहरों की थपकियों में अपना दुख भूलकर
सोती रहतीं। वहाँ इतनी छायाएँ होती कि पक्षी के लिए अपनी
छाया ढूँढना असम्भव होता। छाया के बिना आकाश में लौटना तो और भी
असम्भव।

अन्ततः थका हुआ पक्षी इन छायाओं के बीच सो जाता।
उसके पंख पानी में घुलते रहते। उसकी देह विसर्जित होती
रहती। वह अपनी छाया पाता जाता। वह अपनी छाया होता जाता।

रस विपत्ति

बस, यही एक क्षण था – नाजुक डोर की तरह
समय के आर-पार तना हुआ।

पात्र का स्थायी भाव नट के स्थायी भाव को
बेदखल करने की पुरज़ोर कोशिश के साथ
अब आहिस्ता-आहिस्ता दर्शक के स्थायी भाव
पर काबिज़ होने की तरफ बढ़ रहा था.....

बस, यही एक क्षण था – जो चाहे तो अचेत
समर्पण में घुल जाता या सचेत विद्रोह में सिर
उठा लेता।

और लो, विद्रोह हो गया।

स्थायी होने का आकांक्षी भाव संचारी होकर
देखते-देखते तितर-बितर हो गया।

इस तरह रस की निष्पत्ति नहीं, विपत्ति हुई।

और अब रंगशाला में अस्थायी अभाव का
रीतापन फैल रहा है...

असमाप्त

बारिश में सब तरफ़ कीचड़ था। कीचड़ खेल था। मज़ा और
डर खेल में हाथ पकड़कर दौड़ते थे। सार्वजनिक उद्यानों
में पुराने समलैंगिक, छोकरों को अपने साथ सिनेमा देखने
के लिए फुसलाते थे। बीचोंबीच की सड़क पर चलते चले
जाओ तो शहर ख़त्म हो जाता था। स्कूलों की इमारतें
बच्चों को धीरे-धीरे कुतरती रहती थीं। पोस्टर को
आँखों से निचोड़कर पूरा सिनेमा खींचा जा सकता था। जबान
पर गाने भिनकते थे।

औरतें दुख की उस धातु से बनी थीं जिसके बारे में विज्ञान
चुप है। आदमियों की तामीर में कोई नामालूम बुरादा था
जो शाम होते ही बिखरने लगता था। बच्चे सब कन्हैया बनना
चाहते थे, पर शहर में कोई यमुना नहीं थी और कदम्ब के
पेड़ तो काफ़ी बाद में दिखाई पड़े। सारे चिट्ठे कच्चे थे जिनके
पुर्ज़े हवा में उड़ते थे। कथाओं की नायिकाएँ, उपन्यासों
के-से भरे-पूरेपन के साथ लौटतीं और वापसी पर सबके
गले लग कर रोती थीं।

सुख से सब आदतन सहमते थे। ठंडा करके खाने की
फ़िक्र में सुख उड़ जाता था। दरवाज़ों में दरारें थीं।
शोक एक प्रस्तुति था। खपरैल पर बिल्लियाँ लड़ती थीं।
अपने बड़े से बड़े पाप लोग दिलचस्प क़िस्सों की तरह
सुनाते थे। देवी के रतजगों में दीमक लगी थी।

यह सब इस तरह था कि असमाप्त है।

था

पेड़ में फँसी पतंग के हँसने की आवाज़ ऊपर डालियों में से आती थी। मंजे से कटे हाथों से खून टपकता था। अँधेरे के डर में भूतों के क़िस्से रहते थे। चम्पा के फूल अँधेरे पर टप-टप टपकते थे। कहीं जाना हो तो पिता पहले निकल जाते, माँ उनसे दस कदम पीछे-पीछे चलती हुई उनके साथ चलती थी। वीरान खंडहरों में अपने नाम लिखकर चले आने वाले नहीं जानते थे कि खंडहर भी उनमें पत्थर की ठंडी उँगलियों से अपना नाम लिखता रहता था। कड़े घाम और घोर वर्षा में आज के मैदान में खड़े हुए तमाम लोग किसी आने वाले कल के घर में रहते थे, जिसकी तामीर कभी नहीं होती थी। भिखारियों में भी भीख माँगने की जगह पर अधिकार के लिए झगड़े थे। सलवटें इतनी थीं कि जीवन को इस्त्री करने की उलजलूल तड़प जब-तब उठती थी। हाड़ कँपा देने वाली शीत की रात में एक बुझती हुई भट्टी की गर्म राख में मज़े से सोने वाले कुत्ते को देखकर देवता कुढ़ते रहते थे। शब्द सीधे खड़े रहते थे लेकिन पता नहीं चलता था उनके अर्थ कब शीर्षासन करने लगते थे।

रात के घर में रहने वाले

कुछ घर ऐसे होते हैं, जिनमें हमेशा रात रहती है। जब
सारा आसपास दिन के उजाले में चमकने लगता है,
तब भी एक विवर्ण, कृशकाय रात उन घरों के कोनों में
अपने घुटनों में सिर गड़ाए बैठी रहती है।

ऐसे घरों में रहने वाले लोग रात के रंग के होते हैं।
उनके बच्चे तिलचट्टों से खेलते हैं। झिंगुर की आवाज़
उन्हें अपने दिल की धड़कन की तरह लगती है। रात
को और रात में देखने की अभ्यस्त होने की वजह से
उनकी आँखें अलग से चमकती हैं। रंग और आँखों की
वजह से लोग उन्हें अलग से पहचान लेते हैं।

रात के घर में रहने वाले अपनी धूसर उँगलियों से चाँद को
टटोलते हैं। तारों को उलट-पुलट कर देखते हैं। उनकी
खुरदुरी छुअन से चाँद सिमटता जाता है। तारे सिहरते रहते हैं।

रात के घर में रहने वाले रात की गोद में सिर रखकर
सोना सीख लेते हैं। उन्हें थपकियाँ देते हुए रात चुपचाप
सूरज के पीछे चलती रहती है। रात की गोद में सोने
वाले सपने में रोशनी की एक लकीर देखते हैं जो
उनके हाथ बढ़ाते ही उसकी ज़द से दूर चली जाती है।

उनकी नींद खुल जाती है, जैसे सपना कोई चाबी हो।

क़िस्से के इधर-उधर

क़िस्से में एक जंगल था जहाँ दो बच्चे अक्सर भटक जाते थे।
क़िस्से के बाहर के बच्चे जंगल में घुसकर इन बच्चों को
ढूँढते रहते थे। इच्छा इनका हाथ थामे इन्हें भटके हुए
बच्चों के पास पहुँचा देती जहाँ दुष्ट जादूगरनियों को
खत्म कर ये भटके हुए बच्चों को अपने घर ले आते।

जब इनके माता-पिता लौटते तो उन्हें घर की बजाय एक
जंगल में घुसना पड़ता जहाँ उनके बच्चे, जंगल के स्वाद में
बौराए, अपनी इच्छा से भटकते रहते। माता-पिता बच्चों को
पुकारते हुए उन्हें ढूँढ नहीं पाते। आखिर थक कर
बैठना पड़ता उन्हें किसी पेड़ के नीचे पत्थर पर।

क़िस्से के भीतर के बच्चे, मदद के बाहर माता-पिता को,
क़िस्से की आँखों से पढ़ते रहते।

क़िस्से के बाहर के बच्चों की आवाज़ों पर घास, झाड़ियों,
हवा, धूप, पत्तों और जंगली जानवरों की आवाज़ों की परतें
जमती जातीं।

जंगल में असमय अँधेरा घिर रहा होता।

पूछना

आखिर तुम चाहते क्या हो? औरत ने आदमी से पूछा।
उसके पूछने में दूर तक दरकी हुई ज़मीन दिखाई पड़ती थी।

आखिर तुम चाहते क्या हो?—आदमी ने
ईश्वर से पूछा।
उसके पूछने में असंख्य कटी हुई
पूँछों की छटपटाहट थी।

आखिर तुम चाहते क्या हो? ईश्वर ने आदमी से पूछा। इस
पूछने में बस एक बेआवाज़ गूँज थी, जो कलेजे में
सुनाई देती थी।

हर सवाल एक जवाब भी है जो सवाल को पूछने के लहज़े में
धड़कता है। अपने चाहने का मुकम्मल नक्शा जुबान की
जद में नहीं आता। चाहने को जानने और कहने की
बजाय हम सिर्फ पूछते हैं और हमसे सिर्फ पूछा जाता
है कि आखिर तुम चाहते क्या हो!

बुख़ार

बुख़ार एक अस्फुट शब्द है
जो तुम्हें ले जाता है एक साफ़-सुथरी, निष्कम्प
दुनिया से भीतर की कँपकँपी और थरथराहट में।
घंघोल देता है जो तमाम बेबाकियों को अपनी
अस्पष्टता में। मोहता है जो भागते-हाँफते हुए को
अपनी मन्थरता में।

भीतर का लहराता हुआ पारा—लगातार चढ़ता
हुआ—और गीली पट्टियाँ और बर्फ़—भाप बनकर
उड़ते हुए—बिसार, बेचैनी, करवटें, दवाएँ, छटपटाहट
और तन्द्रा—किसी की ठंडी हथेली तपते हुए माथे
पर—नीमबेहोशी और टूटेफूटे वाक्य जिन्हें सब सुनना
चाहते हैं और कोई सुनना नहीं चाहता।

कौन है यह जो बुख़ार की आवाज़ में अपने भीतर
के ज्वार को मुक्त कर रहा है? जो मथ रहा है मन
और काया को, उनके अलग-अलग तापमानों में
एक साथ?

समुद्र का बुख़ार तो देखा होगा कभी-न-कभी, पर
क्या कभी किसी पेड़ या पहाड़ का बुख़ार देखने-जाँचने
और थामने की कोशिश की है? क्या ईश्वर को भी
बुख़ार आता होगा कभी? कैसा दिखाई देता होगा
उसे बुख़ार की आँखों से संसार?

जैसे उतरता है बाढ़ का पानी वैसे ही उतरता है बुख़ार। चीज़ें धीरे-धीरे दिखाई देने लगती हैं। लेकिन उन पर मिट्टी और गाद और भीगने के बाद सूखने के निशान हैं। तो क्या चीज़ें ऐसी ही थीं या बुख़ार के पहले किसी और शक्ल में दिखाई दे रही थीं?

क्या बुख़ार में हम बुख़ार से पहले थे?

चेहरा

भिखारी के चेहरे से याचना पोंछ दो तो वह उतना भिखारी नहीं लगेगा। चेहरे के तनिक सम्पादन से वह एक फटेहाल निम्नतम मध्यवर्गीय तो लग ही सकता है। अफ़सर के बूढ़े चपरासी का चेहरा न किसी आम बूढ़े का चेहरा है न आम चपरासी का। वह अफ़सर के चपरासी का ही चेहरा है; भले ही कमरे के अन्दर और बाहर वह अलग-अलग तरह का जान पड़े। अनेक लोग जब सुबह सोकर उठते हैं तो पाते हैं कि बिस्तर में उनका चेहरा चूर-चूर होकर बिखरा पड़ा है। वे उसके नीचे से अपने नये उग आए चेहरे को ग़ौर से देखते हैं ताकि आईने के सामने आने पर खुद को पहचान लें। बहुत से लोगों को इतना फ़र्क़ भी नहीं पड़ता। अभी-अभी एक सभा में मुख्य वक्ता का चेहरा बीच भाषण में ठुड्डी पर से टूट गया, फिर बाँए गाल की पपड़ी गिर गई और उसके बाद दाईं भौंह समेत आँख चू पड़ी। सभा देखती रही और जितनी देर में मंचासीन लोग बिसलरी से पानी पीते हैं। उतनी भर देर में मुख्य वक्ता ने अपना ब्रीफकेस खोलकर नया चेहरा निकाला, लगाया, और भाषण देना जारी रखा।

नये चेहरेवाला भाषण थोड़ा बदल गया था, पर उस पर आजकल कौन ध्यान देता है?

बारिश में

बारिश में रेनकोट पहनकर दुपहिए पर आवारगी करते रहना। बारिश बख़्शेगी नहीं और बर्दाश्त के भीतर भी लगेगी। गीली उँगलियों में गर्म चाय की प्याली थामे पिछले जन्म की किसी घाटी में उतर जाना। वहाँ खपरैल से जगह-जगह पानी टपकता होगा और अनजाने-अदेखे कोनों से बरसाती कीड़े निकलते होंगे। तारों पर बूँदें गले मिलकर कूद जाती होंगी। बाहर हवा और बारिश का मिलाजुला शोर होगा। किताबों के पन्ने नम हो गए होंगे और उनमें लिखे शब्द गीली धरती की तरह महकते होंगे। माँ हर जगह बर्तन रखती होगी जिनमें पानी की बूँदों के गिरने की आवाज़ घर की आवाज़ होगी। घर में घर से बाहर रह गए की फ़िक्र होगी और घर के भीतरवालों की ऊब। एक स्लेटी आसमान से झरता हुआ बरसाती अँधेरा ग़ायब हो गई लाइट का फ़ायदा उठाकर
सारे घर में फ़तह कर लेगा। मोमबत्ती की लौ बार-बार बदहवास होगी। तुम फिर लौटोगे और पाओगे कि चाय ख़त्म हो चुकी और ठंडी उँगलियों में प्याली की गर्मी भी। उठोगे और निकल पड़ोगे—अपने को उसी तरह बरसात
के हवाले करते हुए और महसूस करते हुए कि धरती पर बरसता पानी तुम्हें किस तरह आसमान से जोड़ रहा है।

सराय में नेमप्लेट

वह आदमी सराय में बरसों से इस तरह था कि उसने सराय में अपने कमरे पर अपनी नेमप्लेट ठोक रखी थी। लोग आसपास के कमरों में आते-जाते रहते। वह अपने कमरे में ही जमा रहता। बाज़ दफ़ा ऐसा भी होता कि सिवा उसके सराय-भर में कोई न होता। सराय की सारी चाबियाँ मालिक उसी को सौंपकर अपने घर चला जाता। कोई नया मुसाफ़िर उस दौरान भूले-भटके चला आता तो उसी को सराय का मालिक समझता।

यह नेमप्लेट, जो सराय के एक कमरे पर लगी है, पानी पर लिखी है या रेत पर, कहना मुश्किल है। अभी तो इसके रंग और अक्षर चमक रहे हैं। अन्ततः जाएगी तो यह भी उसी रास्ते जिस पर एक दिन सारी नामपट्टिकाएँ जाती हैं, लेकिन सम्भव है जब कोई खुरदरा हाथ इस नेमप्लेट को कूड़ेदान में फेंकने के लिए बढ़े तो पाए कि वहाँ न कोई नाम है, न रंग है, न अक्षर हैं, न ही कोई पट्टिका।

वह कमरा ख़ाली है। बरसों से उसमें रहनेवाला आदमी अब उसमें बरसों से नहीं रहता।

आत्मकथा

अपनी मृत्यु से बचते हुए आत्मकथा लिखनेवाले बहुत सँभल-सँभलकर उस तरफ जाना चाहते हैं जहाँ से वह समय लौटेगा जिसमें वे मर चुके हैं।

लौटते हुए समय की उँगली थामकर वे दुनिया में आने से पहले के समय में चले जाना चाहते हैं जहाँ एक कुनकुने अँधेरे में वे भ्रूण की तरह तैर रहे थे, और चमक रही थीं उनके आसपास अदेखी दुनिया की आवाज़ें।

बीच के रास्ते में वे कुछ दुर्घटनाओं की गठानें खोलना चाहते हैं जिनसे टकराकर वे लड़खड़ाते और गिरते रहे थे, लेकिन मन पर अपनी खराश छोड़कर वे बिला चुकी हैं इसी समय में। और ठीक इसी समय खनक रही हैं उनकी जेब में भविष्य में घटनेवाली कुछ और दुर्घटनाएँ, विस्मृत सिक्कों की तरह, उनके सुनने से बाहर।

वहीं कहीं मृत्यु है, प्रतीक्षा करती हुई और आत्मकथा के अन्त में लगाए गए पूर्णविराम को अपने पंजों में दबोचकर उड़ जाने के लिए सन्नद्ध।

पुल

दो दिनों के बीच है
एक थरथराता पुल
रात का

दो रातों के दरमियाँ है
एक धड़धड़ाता पुल
दिन का

हम बहते हैं रात भर
और तब कहीं आ लगते हैं
दिन के पुल पर

चलते रहते हैं दिन भर
और तब कहीं सुस्ताते हैं
रात के पुल पर

वैसे देखें तो
हम भी एक झूलता हुआ पुल ही हैं
दिन और रात जिस पर
दबे पाँव चलते हैं